RONALD GUTBERLET

KNÖDEL, KNÖPFLE, MAULTÄSCHLE

Deftige Mehlspeisen aus Süddeutschland

UNTER MITARBEIT
VON PHILIP REUTHER

MIT ZEICHNUNGEN
VON ISABEL KREITZ

EUROPA
VERLAG

Inhalt

Ronald Gutberlet, Chefredakteur des »Szene Hamburg«-Sonderheftes »Essen + Trinken« und Restaurant-Kritiker für das »Hamburger Abendblatt«, ist Gourmet und leidenschaftlicher Koch. Unter seinem Pseudonym Robert Brack schrieb er den Gastro-Krimi »Die Feinschmecker-Morde«. Im Europa Verlag ist von ihm in gleicher Ausstattung die sechsbändige Reihe »Norddeutschland kulinarisch« erschienen. Ronald Gutberlet lebt in Hamburg-Ottensen, nur wenige Schritte vom Elbufer entfernt.

Das Land und seine Mehlspeisen

In seiner gleichermaßen amüsanten wie liebevollen Studie »Tief in Bayern« attestiert der US-amerikanische Anthropologe R. W. B. McCormack den Bayern eine »gastromorphe Sicht auf die Welt«. Damit meinte er scherzhaft, aber sicher nicht ganz zu Unrecht, daß sich das Leben dort um Mahlzeiten und Gerichte gruppiere. Als ehemaliger Student in Heidelberg wird er ähnliches auch anderswo in Süddeutschland beobachtet haben. Besonders an den Festtagen werden ganz bestimmte traditionelle Gerichte zubereitet und verzehrt, und der reich gedeckte Tisch bildet den Mittelpunkt des familiären Lebens.

Hausfrauen und -männer verteidigen voller Leidenschaft und Überzeugung die von Generation zu Generation weitergegebenen und immer wieder verfeinerten Familienrezepte. Man könnte auch sagen: In Süddeutschland schätzt man noch immer auch die soziale Bedeutung des Essens. Zum Essen kommt man zusammen, aber eben nicht nur, um sich den Bauch vollzuschlagen. Mögen Fast Food und Convenience Food in Bayern, Baden, Franken oder Schwaben inzwischen auch geläufige Vokabeln geworden sein – die Vorzüge der einheimischen Küche werden im Süden Deutschlands ganz besonders gepriesen. Die kulinarische Vielfalt belegt das auf eindrucksvolle Weise.

Man esse zwar mehr Fleisch als im übrigen Land, schreibt McCormack weiter über die Bayern, aber auch mehr Mehlspeisen. Gleiches gilt für die anderen süddeutschen Regionen: Deftige Mehlspeisen sind besonders beliebt und verbreitet, was unter anderem daran liegt, daß hier das Mehl schon früh eine besonders gute Qualität hatte. Und von seiner Qualität hängt es vor allem ab, ob eine Mehlspeise gelingt oder nicht. Die Vielzahl diesbezüglicher Rezepte wird aber auch dem Einfluss der habsburgisch-österreichischen Küche zugeschrieben.

Irgendwann hörten die Menschen auf, ihren Lebensunterhalt allein als Jäger und Sammler zu bestreiten, und begannen mit dem Ackerbau. Damit wurde der Nachschub an Nahrungsmittel planbar, und ab diesem Zeitpunkt dürften viele neue Rezepte entstanden sein, denn eine volle Vorratskammer regt naturgemäß die Kreativität an. Heute ist der Ackerbau die wichtigste Säule der Ernährungswirtschaft, und eine unerschöpfliche Vielzahl von Nahrungsmitteln und phantasievollen Rezepten auf der Grundlage von Getreide wie auch die hohe Kunst des Brotbackens vor allem in Süddeutschland sind das Ergebnis.

Die süddeutschen Rezepte für Mehlspeisen sind überwältigend vielfältig, und wir verdanken sie vermutlich nicht zuletzt den Generationen von sparsamen Hausfrauen, die ihren Familien trotz eines schmalen Budgets einen abwechslungsreichen Speiseplan bieten wollten. Was schon vor zweihundert Jahren der Privatgelehrte und Satiriker Carl Julius Weber in seinen »Hinterlassenen Papieren eines lachenden Philosophen« den Schwaben attestierte, trifft in vielen Fällen sicher auch heute noch zu: »Der echte Schwabe hat montags Nudeln, dienstags Hutzele, mittwochs Knöpfle, donnerstags Spätzle, freitags gedampfte Grundbirne, sonnabends Pfannkuchen, sonntags Brätle und Salätle.« Das ist abwechslungsreich und bodenständig zugleich.

Einem nicht sehr schmeichelhaften Bonmot zufolge verfügt ein echter Schwabe nicht über einen Magen und ein Herz, sondern über zwei Mägen und kein Herz. Daß er tatsächlich zwei Mägen haben könnte, leuchtet angesichts der großzügig bemessenen Portionen an schwäbischen Tischen ein. Aber das fehlende Herz ist nichts als üble Nachrede und wird von der Hingabe, mit der die Schwaben ihre Landesküche pflegen und verteidigen, eindeutig widerlegt.

Von Pfannkuchen und Flädle

Pfannkuchen sind weder eine Erfindung der Schwaben noch der Bayern. Viele Länder streiten sich über die Urheberschaft an den Pfannkuchen oder den dünneren Flädle. In Frankreich nennt man sie Crêpes, in Österreich Palatschinken, in Ungarn Palacsinta, und es gibt auf der Welt sicherlich noch Hunderte von anderen Namen dafür.

Jeder möchte der erste gewesen sein, der aus einem Teig von Mehl, Milch und Eiern in einer Pfanne das leckere Gericht zubereitete. Aber wer hat in Europa damit angefangen? Eine schlüssige Erklärung liefert der berühmte ungarische Koch Gundel, Namensgeber der legendären Gundel-Palatschinken, der die Verbreitung der in der Pfanne gebratenen Mehlspeise den Römern

zuschreibt. Die nannten sie »Placenta« und brachten sie mit ihren Legionen in die von Rom beherrschten Territorien. Aber schon vorher aßen die Ägypter bereits ähnliche runde Kuchen, deren Hauptbestandteile Eier und Mehl waren.

Wie auch immer es wirklich war, in Süddeutschland erfreuen sich die Flädle oder Pfannkuchen besonders großer Beliebtheit, was sich an der großen Zahl von Rezepten beweist, die die süddeutsche Küche liefert. Hier ist das Grundrezept:

Pfannkuchen

(für 4 Personen)

200 ml Milch, 40 g flüssige Butter,
3 Eier, 80 g Mehl, Salz, Muskat, Petersilie,
Fett zum Braten

Milch, Butter, Eier und gesiebtes Mehl zu einem glatten Teig verschlagen. Würzen und etwas gehackte Petersilie zugeben. In einer Pfanne das Fett erhitzen, Teig mit einer Kelle darauf geben und durch Schwenken der Pfanne gleichmäßig verteilen. Beide Seiten nacheinander gleichmäßig braunbacken.

Ob Flädle nicht eigentlich nur in Streifen geschnittene Pfannkuchen sind, oder ganz einfach nur dünne gebakkene Pfannkuchen, in welcher Form auch immer, darüber sind sich übrigens auch die Schwaben nicht immer einig. Bevor sie zerschnitten werden können, müssen sie aber auf jeden Fall gebacken werden, und zwar nach dem folgenden Grundrezept:

Flädle

(für 4 Personen)
200 g Mehl,
250 ml Milch,
4 Eier, Salz, Muskat,
Fett zum Backen

Mehl, Milch und Eier zu einem glatten Teig verschlagen. Mit Salz und Muskat abschmecken und sehr sehr dünn backen. Ergibt 16 dünne Flädle.

Die Pfanne spielt bei der Zubereitung eine wichtige Rolle. Empfehlenswert sind beschichtete Pfannen, aber wer geübt ist und sein Kochgerät kennt, dem gelingen in einer gußeisernen Pfanne wunderbare dünne Exemplare am allerbesten. Zu wenig Fett sollte man allerdings nicht nehmen, sonst werden die Pfannkuchen nicht knusprig und braun, sondern schlapp und grau.

»Gute Esser und ein verständiger Wirt sind beide so selten wie ein guter Eierkuchen« behauptete im 19. Jahrhundert der weitgereiste Schriftsteller und Feinschmecker Eugen von Vaerst. Ob dieser Ausspruch auch für die süddeutschen Lande zutrifft, darf bezweifelt werden. Auf jeden Fall sind hervorragende Pfannkuchen- und Flädlegerichte südlich der Mainlinie alles andere als selten: Sie werden mit Fleisch kombiniert, mit Spinat gefüllt, im Ofen überbacken – der Phantasie sind da kaum Grenzen gesetzt. Überhaupt kann man sich von so mancher Mehlspeise dazu verführen lassen, eigene Ideen auszuprobieren und so neue Kreationen zu erfinden.

Fleischpfannkuchen

(für 4 Personen)
1 Grundrezept Pfannkuchen
250 g magere Fleischreste

Aus Mehl, Milch und Eiern wie im Grundrezept angegbeben einen Teig herstellen. Die Fleischreste klein schneiden und unter den Teig mengen. Knusprig braten und mit grünem Salat servieren.

Besonders gut kann man Pfannkuchen mit würzigem Käse kombinieren. In Bayern wird dafür im allgemeinen der einheimische Allgäuer Emmentaler verwendet. Der herb-rustikale Käse verdankt seinen Geschmack natürlich zuerst der hervorragenden Milch der Allgäuer Kühe, aber auch den schweizerischen Sennern, die 1821 nach Weiler geholt wurden. Sie sollten die Qualität des Emmentaler verbessern, die wohl den Ansprüchen nicht mehr genügte. Die Qualitätssteigerung gelang offenbar ganz vorzüglich, so jedenfalls wird es überliefert. Allgäuer Emmentaler wird aus Rohmilch der Region gemacht und darf seinen Namen nur dann rechtmäßig tragen, wenn er tatsächlich im Allgäu hergestellt wurde. Früher war der Emmentaler immer rund und wog mindestens 40 Kilo, heute gibt es ihn auch in quadratischer oder rechteckiger Form.

Bayerische Käspfannkuchen

(für 4 Personen)
4–5 Eier, 1 Tasse Milch oder Buttermilch,
150–200 g Allgäuer Emmentaler,
1–2 EL Mehl, Salz, Paprika, gehackte Petersilie,
Fett zum Backen

Den Emmentaler frisch reiben. Aus Eiern, Milch, Mehl und Emmentaler einen Pfannkuchenteig bereiten und mit Salz, Paprika und Petersilie abschmecken. In die heiße Pfanne geben und backen, bis die Unterseite braun ist. Dann die Pfanne bei Oberhitze in den Backofen geben, solange, bis die Oberseite fest geworden, aber noch nicht braun ist. Herausnehmen, zusammenklappen und mit grünem Salat oder als Beilage servieren.

So einfach die Zutaten für Flädle oder Pfannkuchen auch sein mögen, so wichtig ist ihre Qualität. Und hierbei sind, neben dem Mehl, natürlich die Eier besonders wichtig. Das »Appetitlexikon« aus dem 19. Jahrhundert berichtet zwar von den Eiern verschiedener Vögel, betont aber, die relativ geringen geschmacklichen Unterschiede seien zu vernachlässigen gegenüber der Bedeutung des Alters: »Einen wesentlichen Unterschied dagegen begründet in dieser Richtung unter allen Umständen das Alter des Eies, und zwar in dem Grade, daß, wenn das frische Ei für eine Delikatesse gelten darf, das alte und übel Verwahrte ohne Rücksicht auf die Herkunft für einen Ausbund von Schlechtigkeit angesehen werden muß.«

Während »alte Flädle«, also die überzähligen vom Vortag, durchaus schmackhafte Verwendung finden können, sollten die Eier jederzeit frisch sein. Nicht ohne Grund sind Eier aus ökologischer Hühnerhaltung in den letzten Jahren immer beliebter geworden. Wie beim Fleisch wirkt sich artgerechte Haltung und eine ausgewogene Ernährung der Hühner auf die geschmackliche Qualität der Eier unmittelbar aus. Besonders auffallend ist der Unterschied natürlich beim butterweich gekochten Frühstücksei. Aber der geschmackliche Effekt kommt auch allen Gerichten zugute, die Eier enthalten wie Pfannkuchen und Flädle.

Gefüllte Flädle

(für 4 Personen)
Für die Flädle:
300 g Mehl, 250 ml Milch, 4 Eier,
Salz, Muskat, Fett zum Backen
Für die Füllung:
300 g Hackfleisch, 1 Ei, 1 Zwiebel, 250 g Spinat,
Pfeffer, Salz, Muskat

Für die Füllung die Zwiebel fein hacken und glasig andünsten. Das Hackfleisch dazugeben, salzen, pfeffern und anbraten. Den Spinat tropfnaß in einem Topf garen. Anschließend gut ausdrücken, fein hacken, mit dem Ei vermischen und mit Salz, Pfeffer, Muskat abschmekken. Den Spinat zu der Fleischmasse in die Pfanne geben, vermischen und erhitzen. Für die Flädle Mehl, Milch und Eier zu einem glatten Teig verschlagen. Mit Salz und Muskat würzen und in einer großen Pfanne nicht zu dünn backen. Wenn die Unterseite braun, aber noch nicht kroß ist, etwas von der Füllung daraufgeben und den Pfannkuchen darüber zusammenfalten. Die Unterseite kroßwerden lassen, dann das Paket vorsichtig wenden und bei kleiner Flamme fertigbacken und noch etwas in der heißen Pfanne stehen lassen.

Flädle werden in der schwäbischen Küche vielfältig eingesetzt, und natürlich läßt die sparsame Hausfrau auch keine Reste umkommen, daher gibt es viele Möglichkeiten, Flädle vom Vortag zu einer schmackhaften Mahlzeit weiterzuverwenden. Die einfachste und bekannteste Verwertung überzähliger Flädle ist die Flädlesuppe. Hierfür schneidet man die Pfannkuchen in feine Streifen, gibt sie in eine Suppentasse und übergießt sie mit heißer Brühe. Dafür eignet sich – ganz nach individuellem Geschmack – jede Brühe, ob aus Rindfleisch, Gemüse oder Huhn. Feinschmecker behaupten allerdings, eine gute Rinderbouillon sei durch nichts zu übertreffen.

Flädlesuppe

(für 6 Personen)
1,5 kg Rindfleisch mit Knochen,
2 Stangen Lauch, 3 Karotten, 100 g Knollensellerie,
2 Zwiebeln, 1 Bund Petersilie, 2 Lorbeerblätter,
Salz, Pfeffer, 6 Flädle vom Vortag,
½ Bund Schnittlauch

Das Fleisch gut abwaschen und in 3 Liter kaltes Wasser legen. Lauch, Karotten, Sellerie und Zwiebeln grob schneiden und Petersilie und Lorbeerblätter dazugeben. Langsam aufkochen lassen. Den Schaum abschöpfen und bei kleiner Hitze 2 bis 3 Stunden weiterköcheln lassen. Die Brühe durch ein Sieb geben. Das Fleisch eventuell kleinschneiden und wieder hineingeben. Die Flädle in feine Streifen schneiden, dazugeben und alles nochmal erhitzen. Die Suppe in einer Terrine mit feingehacktem Schnittlauch bestreut servieren.

Die angeblich notorische Sparsamkeit der Schwaben bietet also nicht nur willkommenen Anlaß zu mehr oder weniger gutmütiger Spöttelei, sondern brachte auch viele Rezepte hervor, von denen hier nur einige aufgeführt werden können. Die profane Bezeichnung »Reste-Essen« verdienen diese pragmatischen Kreationen eigentlich nicht, dafür schmecken sie einfach zu gut, wie die nachfolgenden Gerichte zweifelsfrei belegen:

Flädle-Auflauf

(für 4 Personen)
8 Flädle (zubereitet nach Grundrezept),
1 Zwiebel, Petersilie, 50 g Butter, 250 g Bratenreste,
Weißwein, Fleischbrühe, Salz, Pfeffer

Den kalten Braten durch den Fleischwolf drehen und in der Butter mit der fein gehackten Zwiebel und der Petersilie andünsten. Würzen und mit etwas Weißwein und Fleischbrühe aufgießen. Eventuell noch überzählige Flädle kleinschneiden und unter die Fleischmasse geben. Eine Auflaufform ausfetten und mit Flädle aus-

legen. Einen Teil der Fleischmasse darauf geben, dann mit einem Flädle abdecken und so weiter, bis die Zutaten verbraucht sind. Mit einem Flädle abschließen, darauf Butterflöckchen verteilen und im Ofen 20 bis 25 Minuten überbacken. Salat dazu reichen.

Eine besonders üppige Verwertung erfahren die schlichten Flädle im folgenden Rezept:

Flädlestorte

(für 4 Personen)
9 Flädle, 150 g Bratwurstbrät,
4 Scheiben gekochter Schinken,
5 Scheiben Allgäuer Emmentaler,
5 Tomaten in Scheiben geschnitten,
1 hart gekochtes Ei in Scheiben geschniten,
1 Handvoll geriebenen Käse (Allgäuer Emmentaler),
Fett zum Backen

Auflaufform ausfetten und mit einem Flädle auslegen. Darauf die Hälfte des Bratwurstbräts verteilen und mit einem Flädle abdecken. Nun schichtweise zwischen die weiteren Flädle jeweils die Hälfte des Schinkens, der Tomaten und des Emmentalers verteilen und danach noch einmal in derselben Reihenfolge die zweite Hälfte. Mit einem Flädle abschließen und darauf Tomaten, Eischeiben und den geriebenen Käse verteilen. Bei 250 Grad ½ Stunde backen. Dazu paßt grüner Salat oder Spargel.

Das südliche Baden hat im Frühjahr eine besondere Spezialität zu bieten, die vorzugsweise zu frischem

Spargel, aber auch zu kaltem Schäufele oder zu gekochtem Schinken gegessen wird. Traditionsgerecht wäre beispielsweise ein Festtagsessen am ersten Sonntag im Mai: Frischer badischen Spargel, dazu Schwarzwälder Schinken und Kratzede, genossen mit einer guten Flasche badischen Weißweins.

Bei Kratzede handelt es sich um eine Art dünnen Pfannkuchen, der noch in der Pfanne zu kleinen Stükken zerteilt wird. Die Bezeichnung Kratzede oder alemannisch Chratzede verdankt er dem Kratzen, also dem Vorgang des Zerreißens der halb gebackenen Flädle auf dem Pfannenboden und während des Garprozesses. Phantasiebegabte badische Hausfrauen behaupten, der Vorgang müsse so energisch vor sich gehen, als liefe ein halb verhungertes Huhn durch den Topf und zerkratze den Teig mit seinen Krallen.

Kratzede mit Spargel

(für 4 Personen)
500 g Mehl, 0,75 l Milch, 7 Eier,
Butter zum Braten, 1 kg Spargel,
1 Eigelb, 3 EL Weißwein,
100 g zerlassene Butter,
Salz, weißer Pfeffer, Zitronensaft

Aus dem Mehl, der Milch und den Eiern mit einer Prise Salz einen Teig bereiten und eine halbe Stunde ruhen lassen. In einer Pfanne Butter zerlassen und mit der Kelle Teig verteilen. Auf der Unterseite kross werden lassen, dann den Pfannkuchen wenden, in immer kleinere Fetzen zerreißen und knusprig ausbacken. Den Spargel schälen und in einem großen Topf in sprudelndem Wasser 12 Minuten garen. Herausnehmen und warmstellen. Für die Sauce das Eigelb im Wasserbad mit dem Wein verschlagen. Die zerlassene Butter ganz langsam zufügen und mit dem Schneebesen einrühren. Mit Salz, Pfeffer und Zitronensaft abschmecken. Kratzede und Spargel auf einer großen Platte anrichten, den Spargel mit der Sauce übergießen.

Fachkundige streiten sich gern darüber, ob man das Eiweiß geschlagen extra zum Teig gibt oder die Eier einfach ganz ins Mehl gibt. Auch das Zerkratzen ist eine kleine Wissenschaft für sich: Zunächst läßt man den dicken Pfannkuchen von einer Seite braun und kross werden, wendet ihn dann und zerteilt ihn in der Pfanne immer wieder mit Hilfe von Bratenwender und Gabel. Das wird so lange fortgesetzt, bis die immer kleiner werdenden Teilchen braun und knusprig gebacken sind.

Von Nudeln und Maultaschen

Das Verdienst, die Nudel erfunden zu haben, wird im Allgemeinen den Italienern zugeschrieben. Zweifellos haben italienische Köche, oder besser gesagt die hart arbeitenden italienischen Hausfrauen, aus der einfachen Teigware eine in Form und Geschmack außerordentlich variationsreiche Spezialität gemacht. Heute ernährt sich die halbe westliche Welt die Hälfte der Woche von Nudeln mit Sauce, weil das nie langweilig wird, praktisch ist und für jeden Geschmack etwas bietet.

Von ihrer Mission in Sachen Pasta begeisterte Italiener verweisen auf ein etruskisches Relief, das angeblich Frauen bei der Nudelherstellung zeigt. Betrachtet man diesen scheinbaren Beleg für die Nudelherstellung in der römischen Antike jedoch kritischer, dann kann man in diese Abbildung etruskischen Alltagslebens auch viele andere Tätigkeiten hineininterpretieren.

Die Erfindung der Pasta und der Ursprung der geheimnisvollen Teigware namens Maultasche liegt weitgehend im Dunkel der Geschichte. Eine italienische Buchillustration aus dem Jahr 1385 zeigt zwei Frauen, die sehr viel eindeutiger Nudeln herstellen. Die eine knetet auf einem großen Tisch den Teig, die andere spannt Nudelstreifen zum Trocknen auf einen großen Rahmen. Hier dürfte kaum etwas anderes gemeint sein.

Angeblich hat der venezianische Kaufmann und Weltreisende Marco Polo die Nudel um 1300 aus China nach Italien gebracht hat. In der Tat läßt sich die Existenz der Nudel in China historisch weit zurück verfolgen, nämlich bis in die Han-Zeit (206 v. Chr. – 220 n. Chr.). Trotzdem wird Marco Polo hier wahrscheinlich vergebens bemüht, denn er erwähnt die Nudeln nur am Rande und bemerkt sogar, die Chinesen würden aus Weizen Makkaroni und andere Teigwaren herstellen. Daß er ohne weitere Erklärung das Wort Makkaroni benutzt, läßt vermuten, daß diese Nudelart in Italien damals bereits bekannt war.

Einer andere Erklärung zufolge, tauchten diverse Teigwaren schon sehr früh entlang der Handelsroute zwischen China und Europa auf, die den italienischen Ravioli oder den schwäbischen Maultaschen ähnelten: Das würde den Schluss nahelegen, daß Nudeln und verwandte Teigwaren tatsächlich in China ihren Ursprung haben, und allmählich über die traditionellen Handelswege nach Europa gelangten. Marco Polo hätte dann

damit nichts zu schaffen, auch wenn die Italiener natürlich darauf beharren, daß ihr Nationalheld seinem Volk die Nudel höchstpersönlich, und nachdem er zahllose Abenteuer bestehen musste, mitbrachte.

Da es sich bei dem Grundrezept zur Nudelherstellung um eine sehr einfache, naheligende Verwendung von in jeder Küche vorhandenen Grundzutaten handelt, darf man vielleicht auch einfach davon ausgehen, daß es keine Chinesen und Italiener brauchte, um auf die Idee zu kommen, Teig in Streifen zu schneiden und in heißem Wasser zu garen.

Nudeln

(für 4 Personen)
300 g Mehl, 2 Eier,
1 Eigelb, ½ EL Öl, Salz

Auf einem Nudelbrett oder der Arbeitsplatte das Mehl verteilen. Eier, Eigelb, Öl und Salz vermengen und in die Mitte geben. Nun das Mehl langsam von außen nach innen untermengen und einen glatten Teig herstellen. Eine Kugel formen, abdecken und 2 Stunden kühl stellen. Anschließend den Teig sehr dünn ausrollen und schmale, ca. ½ Zentimeter dicke Streifen schneiden. Vor dem Kochen noch etwas antrocknen lassen.

Wenn der Teig in der Küchenmaschine zubereitet wird, sollten die Zutaten einzeln zum Mehl gegeben werden. Natürlich ist die Bereitung des Teigs mit einer Nudelmaschine einfacher und schneller. Der bayerische Starkoch Alfons Schuhbeck meint dazu, handgerollte

Nudeln verbänden sich besser mit der Soße. Und nicht zuletzt darauf kommt es bei Nudelgerichten ja auch an: Je rauher die Oberfläche, desto mehr Soße bleibt an den Nudeln hängen. Schuhbeck verwendet übrigens zu einem Drittel Hartweizengrieß, aus dem die italienische Pasta besteht und dem sie ihren berühmten Biß verdankt. Traditionell werden in Deutschland Nudeln nur aus Weizenmehl hergestellt.

Man kann den Teig auch gut trocknen lassen und dann gut verschlossen mehrere Tage aufbewahren. Eine besonders exklusive Variante sind die Steinpilznudeln, für die ein Teil des angegebenen Mehls durch getrocknete Steinpilze ersetzt wird, die fein gemahlen und mit den anderen Zutaten wie oben beschrieben zu einem Nudelteig verarbeitet werden. Ansonsten können Nudeln mit so gut wie allen Zutaten kombiniert werden, und die Sauce wird umso schmackhafter, je mehr Rahm dazukommt. Das folgende Rezept ist eine besonders üppige Variante aus dem Schwäbischen.

Rahmnudeln

(für 4 Personen)
Nudeln (Rezept siehe oben),
100 g gekochter Schinken, 1 Zwiebel, ½ Salatgurke,
60 g Champignons, 80 g Butter, Salz, Pfeffer,
Crème fraîche, 2 kleine Tomaten,
frische Kräuter nach Belieben, Muskat

Nudelteig vorbereiten und kühlstellen. Schinken, Gurke, Zwiebel und Pilze fein schneiden. Butter erhitzen, darin Schinken und Zwiebel anschmoren. Pilze und

Gurke dazugeben, mit Salz und Pfeffer würzen. Crème fraîche darunter mengen. Die Nudeln kochen, abtropfen lassen und unter die Sauce geben. In Würfel geschnittene Tomaten und fein gehackte Kräuter untermengen. Mit Salz und Muskat abschmecken.

In Nürnberg gab es Ende des 18. Jahrhunderts eine Spezialität, die Hafernudeln. Sie wurden wegen ihrer Form so genannt, die an ein Haferkorn erinnerte, und nicht etwa, weil sie aus Hafermehl hergestellt wurden. Ebenfalls in Nürnberg wurde auch bereits im 18. Jahrhundert eine Fabrik zur Herstellung von Nudeln eingerichtet. Die maschinelle Nudelproduktion war damals durchaus schon ein bedeutsamer Wirtschaftsfaktor. Noch unter Friedrich II. wurde 1783 in Preußen der Import von ausländischen Nudeln verboten, auch der in Nürnberg hergestellten: Indem man unliebsame Konkurrenz daran hinderte, den preußischen Markt zu beliefern, sollten die neu errichteten Nudelfabrikationen in Berlin und Magdeburg begünstigt werden. Möglicherweise war die Qualität der preußischen Nudeln auch nicht so gut wie die der Nürnberger, weshalb eine derartige Maßnahme zum Schutz der preußischen Nudel notwendig war.

Böse Zungen behaupten, geizige Schwaben hätten die Maultasche nur deshalb erfunden, um Essensreste einigermaßen elegant weiterzuverwenden. In der Tat werden für die Füllung der schwäbischen Ravioli oft Essensreste verwendet, zumal Maultaschen zum Improvisieren und Ausprobieren einladen, denn als Füllung ist vieles möglich und schmackhaft. Daß die Schwaben beim Essen und Trinken knauserig sind, dürfte eine unhaltbare Behauptung sein. Wer eine kulinarische Reise ins Schwabenland unternimmt, kann das schnell herausfinden. Für einen echten Schwaben ist die Maultasche kein notwendiges Übel, sondern ein kulinarisches Kultobjekt, dessen Herstellung man viel Zeit (und damit bekanntlich Geld) widmet.

Einer anderen, nicht minder bösartigen Überlieferung zufolge haben die Römer den Schwaben erfolglos die Herstellung von Nudeln beibringen wollen. Die Schwaben jedoch sollen nur Teigklumpen zustande gebracht haben, aus denen später die Maultaschen wurden. Tatsächlich aber verlangt die Herstellung der berühmten gefüllten Teigtaschen ein gewisses Maß an Geschicklichkeit und Übung, weshalb diese Legende genauso unhaltbar ist wie die erstgenannte.

Maultaschen

(für 4 bis 6 Personen)
500 g Mehl, 3–4 Eier,
1 TL Salz, Mehl zum Ausrollen

Aus Mehl, Eiern und Salz einen Nudelteig herstellen. Je nach Größe der Eier noch etwas Wasser hinzufügen. Eine Kugel formen, in Folie einpacken und 2 Stunden kühl stellen. Den Teig auf der bemehlten Arbeitsfläche sehr dünn ausrollen. Nun entweder Kreise ausstechen oder Quadrate schneiden, die ausreichend groß sind, um daraus gefüllte Halbmonde oder Dreiecke zu fabrizieren. Dafür wird etwas Füllung in die Mitte des

Kreises oder Quadrates gegeben. Die Ränder mit flüssiger Butter oder etwas Wasser bestreichen, damit sie besser zusammenhalten. Die Taschen falten und in kochendem Salzwasser je nach Größe 10 bis 15 Minuten ziehen lassen.

Auch für die Herkunft der Maultaschen wird gerne Marco Polo bemüht, aber hier gilt dasselbe wie für die Nudeln: Sie haben sich vermutlich entlang der Handelswege von China aus verbreitet. So könnte es auch zu den russischen Pelmeni gekommen sein, die mit den schwäbischen Maultaschen und den italienischen Ravioli verwandt sind. Das wiederum führte zu einer anderen Vermutung wie die Maultaschen ins Schwabenland gekommen sind: Da das schwäbische Königshaus öfter in den russischen Adel eingeheiratet hat, habe man die Pelmeni einfach übernommen. Dagegen wiederum sprechen allerdings Bezeichnungen wie »Raviolen« oder »Ravirlen«, die ein Augsburger Kochbuch aus dem 19. Jahrhundert benutzt. In einem dreihundert Jahre älteren Kompendium werden sie rätselhafterweise »Affenmund« genannt.

Wie beliebt und wichtig eine Speise für ein Land oder eine Region ist, läßt sich immer auch an der Zahl der Legenden ablesen, die sich um ihre Herkunft gebildet haben. Die schwäbische Maultasche ist in dieser Hinsicht ein besonders lohnenswertes Objekt. So wird zum Beispiel ebenfalls behauptet, eine Gräfin namens Margarete von Tirol aus dem 14. Jahrhundert habe etwas mit der Entstehung der Teigware zu tun. Diese resolute Dame, die sich mit den mächtigen Habsburgern und sogar dem Papst anlegte, trug den Beinamen Maultasch. Daß sie Namenspatronin der Teigtasche wurde, ist allerdings eher unwahrscheinlich. Angeblich trug sie ihren Beinamen wegen ihres Mundes, der von einer übergroßen, hervorstehenden Unterlippe verunstaltet wurde.

»Gräfin Maultasch« war eine selbstbewußte Frau, die sich trotz aller gesellschaftlichen Widerstände von ihrem Mann trennte, mit dem sie im Alter von neun Jahren verheiratet worden war, um einen anderen zu ehelichen. Nach der Heirat mit Ludwig von Brandenburg war sie vielen Zeitgenossen ein Dorn im Auge und wurde vom Papst exkommuniziert – ein Bann, der das ganze Land und seine Bevölkerung traf. Doch obwohl in Tirol keine Messe mehr gelesen und keine Beichte mehr abgenommen werden durfte, hielten die Tiroler zu ihrer Gräfin. Ihr Schicksal hat sogar Eingang in die Literatur gefunden. Friedrich Hebbel erwähnt die Tiroler Gräfin in seinem Drama »Agnes Bernauer«, und Lion Feuchtwanger hat ihrem Leben einen großen historischen Roman gewidmet: In »Die häßliche Herzogin« wird das einsame Leben einer mißgestalteten Frau beschrieben.

Unansehlich sind die Maultaschen nun wirklich nicht, im Gegenteil. Sie liegen, prall gefüllt, mit kleinen Zacken am Rand verziert, in der Brühe und warten auf einen hungrigen Esser, der ihr Geheimnis, die Füllung nämlich, ergründet. Am häufigsten werden Maultaschen – und das unterscheidet sie von den italienischen

Ravioli und rückt sie in die Nähe der chinesischen Wan-tans – in der Suppe serviert. Die Zubereitung in der würzigen Brühe tut den Maultaschen besonders gut. Wer Maultaschen traditionell, also auch deftiger mag, mengt noch 50 Gramm Schmalz unter den Teig, dadurch werden sie zwar kalorienreicher, aber auch noch schmackhafter. Das erübrigt sich bei dem folgenden bayerischen Rezept:

Abgeschmalzene Maultaschen

(für 6 Personen)
400 g Mehl, 6 Eier, 4 Eigelb, 1 EL Öl,
3 Semmeln (vom Vortag), 200 g Spinat blanchiert,
1 Zwiebel, 1 Stange Lauch,
100 g durchwachsener Speck, 200 g Kalbsbrät, Salz,
Pfeffer, 2 EL Semmelbrösel, 4 EL Butter,
½ Bund Petersilie fein gehackt

Aus dem Mehl, drei Eiern, drei Eigelben, einer Prise Salz und Öl einen Teig kneten. Die Semmeln einweichen. Die Zwiebel schälen und fein hacken. Lauch putzen, waschen und in feine Ringe schneiden. Speck in Streifen schneiden und in einer Pfanne auslassen. Zwiebel und Lauch darin glasig dünsten. Die Semmeln gut ausdrücken und mit dem Spinat durch den Fleischwolf drehen. Die Masse in eine Schüssel füllen, Zwiebel-Lauchmischung, Kalbsbrät und die restlichen Eier zufügen. Alles gut mischen und kräftig pfeffern und salzen. Den Nudelteig auf einer bemehlten Fläche dünn ausrollen, halbieren und mit Eigelb bestreichen. Auf eine Hälfte etwa alle vier Zentimeter einen Teelöffel der Füllung setzen. Die zweite Teighälfte darauflegen. Die Zwischenräume festdrücken und Rechtecke ausschneiden. Reichlich Salzwasser aufkochen. Die Maultaschen einlegen und etwa zehn Minuten garziehen lassen. Inzwischen die Petersilie waschen, abzupfen und fein hacken. Die Semmelbrösel in zwei Eßlöffel Butter anrösten. Die Maultaschen herausnehmen, gut abtropfen lassen und in der restlichen Butter beidseitig leicht braunbraten. Mit Semmelbröseln und Petersilie bestreuen.

Traditionell werden Maultaschen meist mit Spinat oder mit Brät gefüllt. Die Teigtaschen waren ursprünglich eine Fastenspeise für den Karfreitag – und einer weiteren Legende zufolge haben die Mönche des berühmten Klosters Maulbronn die Mehlspeise im Dreißigjährigen Krieg erfunden, als sie an Fleisch gekommen waren, das sie wegen der Fastenregeln aber eigentlich nicht hätten essen dürfen. So versteckte der findige Klosterkoch die verbotene Zutat als Füllung, in der Hoffnung, Gott möge sie nicht sehen. Auch manche Hausfrau mag die Karfreitags-Maultaschen mit einer feineren Füllung versehen haben als eigentlich zulässig war. Eine besonders edle Variante der »Fastenspeise« sind die badischen Maultäschle vom Wild.

Maultäschle vom Wild

(für 4 bis 6 Personen)
Nudelteig (wie oben),
500 g mageres Wild (z.B. Reh),
1 altbackenes Brötchen,

100 g durchwachsenen Speck gewürfelt,
2 Zwiebeln fein gehackt, 1 Ei,
250 g Pfifferlinge, 1 Bund Petersilie,
Pfeffer, Piment, Wacholderbeeren, Salz

Nach dem Grundrezept einen Nudelteig bereiten. Während er ruht, Brötchen in Milch einweichen. Zwiebeln und Speck glasig dünsten, dann gehackte Pfifferlinge mitschmoren und fein gehackte Petersilie dazugeben. Das Fleisch zusammen mit der Pilzmasse, dem ausgedrückten Brötchen und dem Ei durch den Fleischwolf drehen. Die Masse würzen. Den Nudelteig ausrollen, Taschen herstellen und mit der Masse füllen. Die Maultaschen in sprudelndem Salzwasser je nach Größe 10 Minuten gar ziehen lassen.

Fisch paßt zu einer Fastenspeise natürlich besser als Fleisch. Am besten geeignet ist das Fleisch von Süßwasserfischen, die in den süddeutschen Regionen in großer Zahl und Vielfalt anzutreffen sind, zum Beispiel Hecht, Forelle, Felchen, Saibling, Zander und andere.

Fischmaultaschen

(für 4 bis 6 Personen)
Nudelteig wie oben
Für die Füllung:
400 g Fischfilet, 200 ml Sahne,
1 Ei, 250 ml Fischfond, 125 ml Weißwein,
Salz, Pfeffer, Schnittlauch

Nudelteig anfertigen und kühl stellen. Während er ruht, ein Ei trennen. Den Fisch klein schneiden und im

Mixer unter Zugabe von Eiweiß und Sahne pürieren. Mit Salz und Pfeffer abschmecken. Anschließend den Teig ausrollen, Teigtaschen ausstechen und mit der Fischmasse füllen. Mit dem Eigelb die Teigränder einstreichen und die Taschen verschließen. Aus Fischfond und Weißwein eine Brühe erhitzen, darin die Maultaschen 20 Minuten garziehen lassen. Im Sud servieren, die Taschen mit frischem Schnittlauch bestreuen

Etwas weniger aufwendig als die mit Wild oder Fisch gefüllten Maultaschen sind die bayerischen Grammelmaultaschen. Als Grammeln bezeichnet man in Bayern Grieben, beim ebenfalls verwendeten Wammerl handelt es sich um geräuchertes Bauchfleisch vom Schwein.

Grammelmaultaschen

(für 4 Personen)
Nudelteig (wie oben), 300 g Kartoffeln,
1 EL Wammerl (Bauchfleisch),
2 EL Grammeln (Grieben),
Salz, Pfeffer, Muskat, 2–3 EL Sahne

Nach dem Grundrezept einen Nudelteig bereiten. Während er ruht, die Kartoffeln kochen und noch heiß durch die Kartoffelpresse drücken. Wammerl anbraten und mit den Grammeln zu den Kartoffel geben. Die Masse würzen und die Sahne unterrühren. Teig ausrollen, Maultaschen herstellen und mit der Masse füllen. Je nach Größe in sprudelndem Salzwasser einige Minuten garziehen lassen.

In Schmalz oder Butter geschwenkt und mit geriebenem Käse bestreut sind die Grammelmaultaschen ein vorzügliches Hauptgericht, zu dem man am besten einen frischen Salat reicht.

Der schwäbische Heimatdichter Thaddäus Troll hat eine eigenwillige, aber durchaus liebevolle Beschreibung der Maultasche geliefert: «In einem unliebenswürdigen Gewand verbirgt sich ein delikater Kern.« Und weiter schwärmt er: »Eine leichenfarbene Hülle aus Nudelteig entsagt jedem optischem Reiz und wirkt appetitzügelnd. Aber wie köstlich ist die reiche Fülle aus Bratwurstbrät, Schinken, Fleisch, Speck, Spinat, Zwiebeln, Eiern, Petersilie, Muskat und Majoran! Jede Hausfrau hat dafür ihr Spezialrezept. Diese Maultaschen schwimmen wie Wasserleichen in der Fleischbrühe. Oder werden, mit Eiern überzogen, im Ofen gebacken. Oder mit Zwiebeln überschmelzt als blasse Wesen einem Kartoffelsalat beigelegt.«

Dazu sei noch bemerkt, daß das Gewand der Maultasche nicht auf eine bestimmte Form festgelegt ist: Mal sind sie quadratisch, mal dreieckig, mal halbmondförmig. Auch rautenförmige Maultaschen sollen schon vorgekommen sein.

Von Spätzle und Knöpfle

Spätzle sind das wohl bekannteste Gericht der Schwaben, der Begriff ist geradezu zum Synonym sowohl für schwäbische Kochkunst als auch für das Musterländle generell geworden. In jüngerer Zeit haben sie sogar politische Bedeutung gewonnen: In der bundespolitischen Szene von Berlin nennt man die einflußreichen Grünen-Politiker aus dem Schwäbischen gern auch »Spätzle-Connection«.

Spätzle sind ein universelles Mahl. Sie können als Hauptgericht ebenso gut serviert werden wie als Beilage zu den verschiedensten Speisen. Erstmals urkundlich erwähnt wurden sie 1725, aber vermutlich sind sie sehr viel älter. Ursprünglich wurden Spätzle aus Dinkel gemacht, ein in Schwaben früher sehr verbreitetes Getreide, und waren ein typisches Arme-Leute-Essen.

Jede schwäbische Hausfrau hat vermutlich einen Geheimtip für die richtige Zubereitung, und auch die Dikke der Spätzle variiert je nach Gusto des Kochs – aber auch nach Können. Denn die traditionelle Zubereitung mit einem speziellen, spitz zulaufenden Spätzle-Brett verlangt einige Übung. Aber mit der modernen Spätzle-Presse ist die Zubereitung einfacher geworden und nicht weniger schmackhaft – auch wenn hartgesottene Traditionalisten unter den Spätzle-Anhängern diese Art der Herstellung nicht gutheißen. Abfällig sprechen manche Spätzle-Ideologen dann von »Faule-Weiber-Spätzle«. Wie weit die Spätzle-Toleranz geht, muß jeder Genießer für sich selbst entscheiden.

Spätzle

(für 4 Personen)
500 g Mehl, 4 Eier, Salz,
Butter zum Schwenken

Einen großen Topf mit Salzwasser zum Kochen bringen. Aus den Zutaten mit einem ¼ Liter Wasser einen glatten, nassen Teig bereiten. Den Teig schlagen, bis er Blasen wirft, dann kurz ruhen lassen und noch einmal gut durchrühren. Das Spätzle-Brett mit kaltem Wasser abspülen. Etwas Teig darauf geben, verstreichen und mit dem Spätzle-Hobel (oder einem geeigneten Messer) kleine Teigstreifen ins kochende Wasser schaben. Zwischendurch den Hobel immer wieder in kaltes Wasser tauchen. Die Spätzle sind gar, wenn sie, nach wenigen Minuten, an der Oberfläche schwimmen. Mit einerm Schaumlöffel herausnehmen, abschrecken, abtropfen lassen. Die Spätzle kurz in geschmolzener Butter schwenken und servieren. (Mit einer Spätzle-Presse ist die Zubereitung einfacher: Man füllt die Presse mit Teig und drückt die Spätzle direkt ins kochende Wasser.)

Spätzle bestehen also ausschließlich aus Mehl, Eiern und Salz. Eventuell kann man auch eine Prise Muskat in den Teig geben, aber das ist Geschmackssache. Einig sind sich alle Anhänger, daß Spätzle zu fast jedem Gericht passen, auch und gerade zum feinsten Braten. Das belegt ein Auszug aus dem »Schneider von Ulm« des Heimatdichters Max von Eyth:

»Bald wogte ein Gefühl molliger Behaglichkeit durch die große, niedere Stube, in der niemand mehr die Not der Zeit zu fühlen schien. Ein Gericht drängte das andre: geröstete Schnecken und gebackene Froschschenkel, Ochsenfleisch und Kalbsbraten, Forellen und Hechte, Schweinsohren und Kalbshaxen, Gänse mit Schneiderfleck, Blutwurst und Sauerkraut, Schweinsbraten mit prägelte (gerösteten) Spätzle, Torten und Kuchen – eine erstaunliche Speisefolge ohne papierene Voranzeige, die jede freudige Überraschung vernichtet und völlig unnötig war, da sich die Mehrzahl der Herren Meister jeder Anforderung an ihre Verdauungskraft gewachsen fühlten. Kein Kaiser des alten deutschen Reichs – das erkannte jeder mit vollem Munde an – hätte königlicher speisen können.«

Die Lebensmittelindustrie bietet sogar Fertigspätzle an. Immerhin ca. 40.000 Tonnen werden pro Jahr produziert. Vermutlich wird der größte Teil davon außerhalb der Spätzle-Grenzen verkauft, denn in Schwaben oder Baden grenzt es an Hochverrat, vorgefertigte Supermarktware zu verwenden. Ansonsten kann man mit Spätzle eine Menge anstellen und sie geschmacklich interessant und abwechslungsreich kombinieren.

Saure Spätzle

(für 4 Personen)
Spätzle (nach Grundrezept), 1 Zwiebel,
50 g Butter, 2 El Mehl, 3 El Essig,
250 ml heiße Brühe, 125 ml saure Sahne,
Salz, Pfeffer, Kräuter

Gehackte Zwiebel in der Butter anschmoren. Mit Mehl bestäuben und anrösten. Mit dem Essig ablöschen und die Brühe angießen. Würzen und ein paar Minuten köcheln lassen. Die Spätzle dazugeben, die saure Sahne untermengen und mit Kräutern garnieren.

Warum heißen Spätzle eigentlich Spätzle? Oder Spatzen, wie bei den Bayern und Allgäuer Schwaben? Angeblich, weil in grauer Vorzeit, als es im Schwabenländle noch keine Spätzle-Bretter gab, die Spätzle in der Hand geformt, sozusagen der Spatz in der Hand waren. Das jedenfalls behaupten manche selbsternannten Spätzle-Forscher. Vielleicht leitet sich das Wort aber auch aus dem Italienischen ab, wo »spezzare« in kleine Stücke schneiden heißt. Nach dieser Erklärung sind auch wieder einmal die Italiener als Erfinder im Spiel. Aber daß die Italiener für Leckereien wie saure Spätzle und Spätzle mit Linsen verantwortlich sein sollen, kann man wahrscheinlich keinem echten Schwaben weismachen.

Spätzle mit Linsen

(für 8 Personen)
400 g Linsen, 1 Zwiebel, 1 Lorbeerblatt, 1 Nelke,
1 EL Schweineschmalz, 1 El Mehl,
1 TL Tomatenmark, 1 TL geriebener Meerrettich,
½ TL mittelscharfer Senf, 1 EL Weißweinessig,
Salz, Pfeffer, 1 geräuchertes Schweinelendchen,
4 geräucherte Schweinebäckchen,
1 Möhre, ½ Sellerieknolle,
4 Bratwürste vom Schwein,
1 EL Schweineschmalz, 1 Bund Petersilie,
Spätzle (Grundrezept)

Eine Zwiebelhälfte mit Lorbeerblatt und Nelke spicken. Linsen waschen und in Salzwasser mit der gespickten Zwiebel eine Stunde kochen lassen. Die andere Zwiebelhälfte fein hacken und im Schmalz glasig dünsten. Mit Mehl bestäuben und braun anschwitzen lassen. Abkühlen lassen. Die Zwiebel aus dem Linsentopf nehmen. Tomatenmark hinzugeben und kurz aufkochen lassen. Mit Meerrettich, Essig, Senf, Salz und Pfeffer abschmecken. Die Spätzle nach Grundrezept zubereiten und warmstellen. Schweinelendchen und Schweinebäckchen in leicht gesalzenes kochendes Wasser geben und bei kleiner Hitze ca. 1 ½ Stunden gar ziehen lassen. Nach 45 Minuten die geputzte Möhre und den Sellerie dazu geben. Bratwürste im Schmalz braten. Die Linsen in eine Schüssel geben, die in Scheiben geschnittenen Lendchen und Bäckchen und Bratwürsten obenauf legen. Möhre und Sellerie in dünne Scheiben schneiden und zum Garnieren verwenden. Fein gehackte Petersilie darüber streuen. Mit den Spätzle servieren.

Dies ist eine sehr deftige Variante der Kombination Spätzle und Linsen. Im Grunde genommen eignen sich Spätzle als Beilage für fast jedes Linsengericht. Abgesehen vom Geschmack haben Spätzle übrigens den Vorzug, durch ihre äußere Beschaffenheit besonders viel Soße aufnehmen zu können. Aber man kann ihnen den guten Geschmack auch innerlich angedeihen lassen, zum Beispiel, indem man Rinderleber in den Teig einarbeitet und diesen kräftig würzt.

Leberspätzle

(für 4 Personen)

250 g Mehl, 250 g Rinderleber, 2 Eier,
1 Zwiebel, Majoran, Muskat, Pfeffer, Salz

Die Leber waschen, häuten und durch die feine Scheibe des Fleischwolfs drehen. Aus den Zutaten einen glatten Spätzleteig zubereiten. Wenn nötig, noch etwas Wasser zugeben. Den Teig durch die Spätzle-Presse geben oder vom Spätzle-Brett schaben und in kochendes Wasser gleiten lassen. Kurz aufkochen lassen, dann noch ein paar Minuten ziehenlassen. Die Spätzle mit der Schaumkelle herausnehmen und in flüssiger Butter schwenken.

Man kann die Spätzle auch in eine Pfanne mit heißer Butter geben und darüber noch ein paar Eier schlagen.

Oder fein gehackte, geröstete Zwiebeln darübergeben. Dazu paßt immer ein frischer grüner Salat, und fertig ist eine einfache nahrhafte Mahlzeit. Ein sehr beliebter Klassiker ist die Kombination mit Sauerkraut.

Krautspätzle

(für 4 Personen)
Spätzle nach dem Grundrezept,
250 g gekochtes Sauerkraut,
100 g Bauchspeck, 50 g Schmalz

Bauchspeck kleinschneiden. In einer großen Pfanne Schmalz auslassen und den Speck darin anbraten. Spätzle hinzugeben und anrösten. Wenn die Spätzle braun werden, das Kraut dazugeben und gut vermischen. Aus der Pfanne servieren.

Dieses Gericht ist eine schmackhafte Resteverwertung und schmeckt überdies aufgewärmt noch einmal so gut. Wer es feiner mag, kann sich bestimmt mit der nachfolgenden Spinatvariante anfreunden, mit der auch Vegetarier zurechtkommen dürften.

Spinatspätzle

(für 4 Personen)
500 g Mehl, 6 Eier, 250 g Spinat,
Salz, Pfeffer, Muskat

Spinat tropfnaß in einem Topf erhitzen, garen, abschrecken, auspressen und fein hacken. Aus Mehl, Eiern und Salz einen Spätzle-Teig zubereiten. Den Spinat unterrühren. Den Teig durch die Spätzle-Presse geben oder vom Spätzle-Brett schaben und in kochendes Wasser gleiten lassen. Wenn die Spätzle an die Oberfläche kommen, mit dem Schaumlöffel herausnehmen. Kurz in heißer Butter wenden, mit Pfeffer und etwas Muskat würzen.

Lange wurden Mehlspeisen, also auch die Spätzle, vor allem aus Hafer, Dinkel und Gerste hergestellt und fanden sich vornehmlich auf dem Speiseplan der armen Leute. Der heute gebräuchliche Saatweizen war lange Zeit viel zu teuer, um ihn für alltägliche Gerichte zu verwenden. Die wohlhabenderen Bürger lernten diese bescheidenen, fleischlosen Mahlzeiten an den zahlreichen Fastentage des Kirchenjahres kennen.

Dinkel wird gelegentlich als »Schwabenkorn« bezeichnet, weil er im Südwesten Deutschlands besonders beliebt und verbreitet ist. 1745 wurde zum ersten Mal beschrieben, wie in Schwaben Dinkel im unreifen, sogenannten »Milchzustand« geerntet und verarbeitet wurde und dann als Grünkern in der Küche Verwendung fand. Dinkel gehört zur Familie des Weizens, ist aber robuster und auch älter als der Saatweizen. Seine damalige Bedeutung läßt sich daran erkennen, daß eine kleine Stadt in Mittelfranken den Namen Dinkelsbühl trägt und im Stadtwappen sogar drei entsprechende Ähren führt. Zug um Zug wurde der Dinkel vom ertragreicheren und landwirtschaftlich unkomplizierteren Saatweizen verdrängt, der im Zuge der Industrialisierung der Landwirtschaft billiger geworden war und außerdem ertragreicher ist als der Dinkel.

Mit der Propagierung gesunder Nahrung ist der vitamin- und mineralstoffreiche Dinkel und seine junge Form, der Grünkern, wieder bekannter geworden, nachdem sie fast vergessen schienen. Die heute wieder sehr populäre Mystikerin des Mittelalters, Hildegard von Bingen, schrieb ihm allerlei positive Auswirkungen auf Körper und Geist zu, die von modernen Ernährungswissenschaftlern teilweise sogar bestätigt wurden. Allerdings ist er heute wiederum erheblich teurer als Mehl, weil er langsamer wächst und der Ertrag sich auch nicht durch den Einsatz von Düngemittel steigern läßt. Hinzu kommt, daß die Körner in einem zusätzlichen Arbeitsgang nach dem Dreschen geschält werden müssen, um das Korn von Spelzen zu befreien. Dafür benötigt man eine besondere Mühle, oder Schälanlage. Wer seine Spätzle aus Dinkelmehl zubereitet, greift also nicht nur auf ein traditionell süddeutsches Getreide zurück, sondern kocht auch besonders gesund. Dinkelmehl hat außerdem ein angenehm nussiges Aroma, was Spätzle und Spatzen noch wohlschmeckender werden läßt, zumal dann, wenn sie mit gutem Allgäuer Käse veredelt werden.

Allgäuer Kässpatzen

(für 4 Personen)

500 g Mehl, 4 Eier, 3 Eigelb, 3 Zwiebeln,
150 g Alm- oder Butterkäse, Salz, Pfeffer, Muskat,
1 EL Butter, 1 EL feingehackte Petersilie

Das Mehl mit den Eiern, den Eigelben, je 1 Teelöffel Salz und Öl und etwas Wasser in eine Schüssel geben und zu einem glatten Teig verarbeiten. Reichlich Salzwasser aufkochen, den Teig auf ein angefeuchtetes Holzbrett geben und mit einem Messer oder einer Spachtel schmale Spatzen in das siedende Wasser schaben. Die Zwiebeln schälen, halbieren und in feine Streifen schneiden. 2 Eßlöffel Öl in einer Pfanne erhitzen und die Zwiebeln goldbraun anschmelzen. Den Käse fein reiben. Etwas Butter in eine Pfanne geben und die Spatzen darin gut durchschwenken. Die gerösteten Zwiebeln zufügen und mit Salz, Pfeffer und Muskat abschmecken. Alles in eine gefettete Auflaufform füllen und den geriebenen Käse darüber verteilen. Die Form 10 Minuten in den auf 200 Grad vorgeheizten Backofen schieben. Herausnehmen, mit frisch gehackter Petersilie bestreuen und servieren.

Eine badische Variante der Spätzle sind die Knöpfle, die in der deutschsprachigen Schweiz Knöpfli genannt werden. Man kann es natürlich auch umgekehrt sehen: Bei den Spätzle handelt es sich um schwäbische Knöpfle. So jedenfalls sehen es die lokalpatriotischen Badener, die der festen Überzeugung sind, daß die Schwaben auf die Knöpfle geschielt haben, als sie einstmals die Spätzle kreierten.

Das badische Selbstbewußtsein im Bereich des Kulinarischen hat seine Wurzel vermutlich in der Nähe zu Frankreich und der damit verbundenen Überzeugung, daß wenn Gott in Deutschland wie Gott in Frankreich leben wollte, er das sicher in badischen Gefilden tun würde. Schließlich ist nicht nur der badische Wein, sondern auch die badische Küche von der Sonne verwöhnt.

In der Tat hat die »cuisine badoise« sich von der Küche der Nachbarn inspirieren lassen, vor allem von der des Elsaß. Wenn Franzosen ihre Vorbehalte gegenüber Deutschland in freundliche Worte kleiden wollen, betonen sie die Unterschiede zwischen der »culture latine« und der »culture germanique«. Im Falle Badens kämen sie da ins Schleudern, weil die sonnige badische Lebensart der französischen eben durchaus ähnelt.

Die Knöpfle sind auch im Allgäu und im Oberland verbreitet. Einfach ausgedrückt, handelt es sich dabei um Spätzle-Teig, der statt vom Brett geschabt durch ein grobes Sieb gestrichen wird. Dadurch sind die Knöpfle etwas dicker und rundlicher als die Spätzle. Aber auch da gibt es Abwandlungen, die sich in ihrer Zubereitung und auch in ihrer Größe erheblich von den einfachen Knöpfle unterscheiden können. Dabei wird der klassische Spätzle-Teig angereichert, zum Beispiel mit Brot, Quark oder Hefeteig. Vermischt man den Teig mit frischen Kräutern, bekommt man eine besonders delikate Knöpfle-Variante. In diesem Fall werden die Knöpfle nicht durch ein Sieb gegeben, sondern mit einem kleinen Löffel ausgestochen.

Kräuterknöpfle

(für 4 Personen)

1 Zwiebel, 2 Bund Petersilie, 1 Bund Schnittlauch,
1 Bund Kerbel, 20 g Butter, 2 Scheiben Weißbrot,
125 ml Milch, 5 Eier, 300 g Mehl, Salz, Pfeffer, Muskat

Kräuter waschen und fein hacken. Zwiebel schälen und in feine Streifen schneiden. Mit den Kräutern in der But-

ter andünsten und beiseite stellen. Die Rinde des Weißbrots kleinschneiden, Milch erhitzen und die Rinde darin einweichen. Das Innere des Brots in kleine Würfel schneiden und mit 2 Eiern verquirlen. Für den Spätzleteig Mehl, 3 Eier und 1/8 Liter Wasser verrühren. Die Zwiebel-Kräuter-Masse und die beiden Brotmassen durch den Fleischwolf drehen und zu dem Teig geben. Gut durchrühren und mit Salz, Pfeffer und Muskat abschmecken. Salzwasser zum Kochen bringen. Mit einem Löffel aus dem Teig Knöpfle stechen und ins Wasser geben. Die Knöpfle kochen lassen, bis sie zur Oberfläche aufsteigen. Mit dem Schaumlöffel herausnehmen und abtropfen lassen. Kräuterknöpfle können auch in einer guten Brühe oder als Beilage serviert werden.

Nicht alle Knöpfle werden auf Grundlage eines klassischen Spätzle-Teigs zubereitet. Hier sind viele Varianten möglich, zum Beispiel auch aus Hefeteig.

Hefeknöpfle

(für 4 Personen)
375 g Mehl, 1 Ei, 125 ml lauwarme Milch,
15 g frische Hefe, Salz, Semmelbrösel, Butter

Aus den Zutaten einen Hefeteig bereiten und an einem warmen Ort zugedeckt 2 Stunden gehenlassen. Gut durchkneten und in drei Stücke zerteilen, auf ein bemehltes Handtuch legen und nochmals 15 Minuten gehenlassen. Bei geschlossenem Deckel in Salzwasser 15 Minuten kochen lassen. Knöpfle herausnehmen und durchschneiden. Die Semmelbrösel kurz in heißer Butter anrösten und darübergeben.

Hefeknöpfle ähneln eher Knödeln als Spätzle. Sie schmecken vorzüglich als Beilage zu Sauerkraut, Linsen oder auch zu grünen Bohnen. Auch Speckknöpfle sind eigentlich Knödel, die vor allem gebraten sehr gut schmecken. Aber auch in einer Fleischbrühe sind sie äußerst schmackhaft.

Speckknöpfle

(für 4 Personen)

7 altbackene Brötchen, 125 g geräucherter Speck,
1 Zwiebel, 1 Bund Petersilie fein gehackt, 0,5 l Milch,
2 Eier, Pfeffer, Salz, Mehl

Die Brötchen, die Zwiebel und den Räucherspeck in kleine Würfel schneiden. Die Zwiebel mit dem Speck dünsten. Mit der Petersilie über die Brotwürfel geben und mit der erhitzten Milch übergießen. Eier, Pfeffer und Salz hinzufügen, gut vermengen und aus der Masse Knödel stechen. Im Mehl wälzen, da sie sonst beim Kochen zerfallen können. In kochendes Salzwasser geben. Die Speckknöpfle sind fertig, wenn sie an die Oberfläche kommen.

Eine Glocke des Freiburger Münsters, die jeden Freitag um elf Uhr geläutet wird, heißt seit jeher »Knöpfliglock«, weil sie zu gebotener Zeit die Freiburger Hausfrauen daran erinnert, dass es an der Zeit ist, den Knöpfle-Teig für das Mittagessen zuzubereiten.

Von Kartoffel-Mehl-Spezialitäten

Eigentlich ist die süddeutsche Küche eine klassische Mehlküche. Der heute allgegenwärtigen Kartoffel standen die Menschen dort bei ihrer Einführung sehr skeptisch gegenüber. Aber gezwungenermaßen setzte sich die ungeliebte Knolle dann doch durch, denn wer nicht hungern wollte, mußte sie in den Speiseplan aufnehmen. Woher kam nur der schlechte Ruf dieses nützlichen und schmackhaften Nahrungsmittels? Wahrscheinlich hatte sich herumgesprochen, daß ein ahnungsloser Koch in England beinahe die ganze Hofgesellschaft umgebracht hatte, weil er statt der unterirdischen Knollen die überirdischen Früchte der Kartoffelpflanze verwendet hatte. Diese Beeren sind bekanntlich äußerst giftig.

In den deutschsprachigen Ländern lehnten vor allem die Österreicher und die Schwaben die Kartoffeln vehement ab. Niemand dort wollte das Nachtschattengewächs, das Anfang des 16. Jahrhunderts in Europa eingeführt wurde, verzehren. Als der Preußenkönig Friedrich II. die nahrhafte Knolle 1742 per Dekret als Volksnahrungsmittel in seinem Herrschaftsgebiet einführte, hatten die Schwaben nur Spott dafür übrig. Erst eine Hungersnot brachte die Menschen in Schwaben und in den anderen süddeutschen Regionen dazu, die Kartoffel zu essen. Aber selbst da ließ man vom Mehl nicht ab und schuf Gerichte, die aus Mehl und Kartoffeln bestehen, zum Beispiel die schwäbischen Bubespitzle.

Bubespitzle

(für 4 Personen)
1 kg gekochte Kartoffeln,
3 Eier, 100 g Mehl, Salz,
Schmalz zum Braten

Die geschälten Kartoffeln durchpressen. Eier, Salz und so viel Mehl hinzugeben, bis ein fester Teig entsteht. Gut durcharbeiten, zu einer langen Rolle formen und Stücke von 1 Zentimeter Dicke abschneiden. Auf der bemehlten Arbeitsfläche zu kleinen Würstchen formen. In kochendem Salzwasser garen lassen, bis sie an die Oberfläche steigen. Mit der Schaumkelle herausnehmen, abtropfen lassen und in heißem Schmalz braten, bis sie goldgelb sind. Mit Salat oder als Beilage zu Fleischgerichten servieren.

In Bayern nennt man Bubespitzle im Allgemeinen Fingernudeln, im Allgäu allerdings Schupfnudeln. Der Name Bubespitzle bezieht sich übrigens auf die Form der Teigteilchen, die Hausfrauen an die primären Geschlechtsmerkmale ihrer kleinen Söhne erinnert. Die diversen Varianten unterscheiden sich rein äußerlich nicht wesentlich. Zwar schwankt der Anteil von Kartoffeln gegenüber dem Mehl beträchtlich, aber das Ergebnis ist immer ziemlich ähnlich. In Bayern wie in Schwaben kombiniert man sie am liebsten mit Sauerkraut.

Schupfnudeln mit Sauerkraut

(für 4 Personen)

500 g Kartoffeln, am Vortag gekocht,
50 g Mehl, 1 Ei, Salz, Muskat, 2 Zwiebeln,
100 g Schmalz, 500 g Sauerkraut

Die geschälten Kartoffeln durchpressen. Zu der Masse Mehl, Ei, Salz und etwas Muskat geben und zu einem festen Teig kneten. Auf der bemehlten Arbeitsfläche zu kleinen Würstchen formen, etwa 5 Zentimeter lang und 1 Zentimeter dick, an den Enden spitz zulaufend. In kochendem Salzwasser garen lassen, bis sie an die Oberfläche steigen. Mit der Schaumkelle herausnehmen und abtropfen lassen. Beiseite stellen. Für das Kraut die Zwiebeln fein hacken und im Schmalz dünsten. Sauerkraut hinzugeben und garen lassen. Dann die Schupfnudeln darunter mengen und unter Rühren und Wenden goldbraun braten.

Das altdeutsche Wort »schupfen« heißt soviel wie »wegstoßen«. Schupfnudeln verdanken ihren Namen also der Herstellungsweise, nämlich dem Wegstoßen oder Wegrollen der Teigstücke, um daraus die länglichen Nudeln zu formen. Eine Variante der Bubespitzle sind Spindele, eigentlich nichts anderes als Bubespitzle, mit grünen Bohnen in der Mitte.

Spindele

(für 4 Personen)
500 g gekochte Kartoffeln,
125 g Mehl,
1 Ei, Salz, Muskat, 1 kleine Zwiebel,
30 g Bauchspeck, 1 EL Petersilie gehackt,
50 g grüne Bohnen, 60 g Butter

Aus Kartoffeln, Mehl und Ei einen Teig bereiten und mit Salz und Muskat würzen. Beiseite stellen. Zwiebel und Speck in feine Würfel schneiden und andünsten. Gemeinsam mit der Petersilie in den Teig einarbeiten. Die Bohnen putzen und in kochendem Wasser kurz blanchieren. Abschrecken. Um die Bohnen die Spindele formen wie Bubespitzle. In Butter braten.

Die Kartoffel, auch Erdapfel, Grundbirne oder Grumbeere genannt, bekam ihren heute gebräuchlichen Namen von den Italienern verliehen. Das in kulinarischen Dingen leicht zu begeisternde Volk sah sich die Knolle an, die ihnen die spanischen Handelsleute aus Südamerika mitbrachten, und erkannten eine Ähnlichkeit mit ihrer heißgeliebten Trüffel. Also nannten sie sie »tartufulo«. In den deutschsprachigen Ländern wurde daraus zunächst Tartoffel, dann Kartoffel.

»Die Kartoffel«, so heißt es im 1894 erschienenen und noch immer grundlegenden »Appetitlexikon« von Rudolf Habs und Ludwig Rosner, »trägt auch in der Tat mehr zur Volksernährung bei als selbst das Getreide, und zwar nicht bloß direkt, sondern auch indirekt, denn ohne sie wäre die Viehzucht Deutschlands, Dänemarks und Englands in dem Umfange, den sie jetzt hat, einfach unmöglich. Kurzum, sie ist für den gemeinen Mann unentbehrlich wie das Brot, für den Gastrosophen wertvoll wie das Getreide und für den Feinschmecker erfreulich wie das Bisquit.«

Von Knödeln, Klößen und Nockerln

Öfter als anderswo ißt man in Süddeutschland Knödel oder Klöße als Beilage zu Fleischgerichten. Die in Wasser, Milch oder Brühe gegarten Bällchen gibt es in sehr unterschiedlicher Zusammensetzung. Meist bilden rohe oder gekochte Kartoffeln, Brötchen oder Mehl die Grundlage. Aber auch als Hauptgericht sind Knödel und Klöße in Süddeutschland weit verbreitet.

Daß gerade die bayerischen Knödel besonders groß sind, hat einer Sage zufolge einmal die niederbayerische Stadt Deggendorf gerettet: Als 1266 der böhmische König Ottokar mit seinen Truppen den Ort belagerte, versorgten die Frauen ihre Männer, die an der Stadtmauer Wache hielten, mit Essen. Als die Frau des Bürgermeisters in ihrer Küche mit Blick auf die Stadtmauer gerade Knödel machte, erblickte sie plötzlich einen feindlichen Späher oben auf den Zinnen. Geistesgegenwärtig warf sie dem Böhmen den großen Knödel, den sie gerade geformt hatte, mitten in sein verdutztes Gesicht – mit solcher Wucht, daß der Soldat rücklings von der Leiter fiel, auf der er von außen emporgeklettert war. Der so zu Fall Gebrachte meldete seinem Hauptmann, die Deggendörfer hätten offenbar noch so große Vorräte, daß sie ihre Knödel sogar zum Schießen benutzten. Daraufhin zogen die feindlichen Truppen ab, denn sie hatten vorgehabt, die stolze Stadt auszuhungern.

Deggendorf liegt in Niederbayern. Aus dieser Region stammt auch das folgende Knödelrezept.

Reiberknödel

(für 4 Personen)
8 große rohe Kartoffeln,
3–4 gekochte Kartoffeln,
100 g Kartoffelmehl,
125 ml heiße Milch, 1 TL Salz

Rohe Kartoffeln waschen, schälen, reiben und ausdrücken. Gekochte Kartoffeln heiß durchpressen und abkühlen lassen oder kalt reiben. Rohe und gekochte Kartoffelmassen vermengen, Kartoffelmehl einarbeiten. Milch zugeben, salzen. Knödel formen. In kochendem Salzwasser zugedeckt etwa 20 Minuten garen.

Ob die Knödel aus der Deggendorfer Sage ausgerechnet Reiberknödel waren, wissen wir nicht, denn über Konsistenz und Geschmack konnte der betroffene böhmische Soldat keine genauen Angaben machen. Aber als die Altstadt Deggendorfs saniert wurde, erinnerte man sich der heldenhaften Schlagfertigkeit der tapferen Bürgermeistersfrau und errichtete ihr zu Ehren einen Brunnen, der »Knödelbrunnen« genannt wird.

Der Verlust des »strategischen« Knödels hat dem Bürgermeister sicherlich nicht den Tag verdorben. Normalerweise werden in Bayern nämlich immer mehr Knödel auf den Tisch gebracht als gegessen werden können. Überzählige Exemplare kommen dann am nächsten Tag zu Einsatz und sind eine besondere Delikatesse, wenn man sie in Scheiben schneidet und anbrät.

Geröstete Knödel

(für 4 Personen)
8 Knödel vom Vortag,
2 Zwiebeln, Salz, Pfeffer,
2 EL gehackte Petersilie, Fett zum Braten

Knödel in Scheiben schneiden. Zwiebel fein hacken. Die Knödel anbraten. In einer zweiten Pfanne die Zwiebeln dünsten, darin die gebratenen Knödel schwenken, mit Salz und Pfeffer würzen und mit der Petersilie bestreuen. Schmeckt vorzüglich zu frischem Pilzgemüse oder mit Spinat.

Legendär ist die humorige Erörterung des Münchners Karl Valentin über die Frage, ob Semmelknödel nicht eigentlich Semmelnknödeln heißen müßten: Liesl Karlstadt sah das nämlich ganz anders:

»Man sagt schon von jeher Semmelknödel.«

»Ja, zu einem – aber zu mehreren Semmelknödeln sagt man Semmelnknödeln.«

»Aber wie tät man denn zu einem Dutzend Semmelknödel sagen?«

»Auch Semmelnknödeln – Semmel ist die Einzahl, das mußt Ihnen merken, und Semmeln ist die Mehrzahl, das sind also mehrere einzelne zusammen. Die Semmelnknödeln werden aus Semmeln gemacht, also aus mehreren Semmeln, du kannst nie aus einer Semmel Semmelnknödeln machen.«

»Machen kann man's schon.«

»Jaja, machen schon, aber wenn du aus einer Semmel

zehn Semmelnknödeln machen tätst, dann würden die Semmelnknödeln so klein wie Mottenkugeln. Dann würde das Wort Semmelknödeln schon stimmen. Weil s' bloß aus einer Semmel sind. Aber solang die Semmelnknödeln aus mehreren Semmeln gemacht werden, sagt man unerbittlich: Semmelnknödeln.«

Semmelknödel

(für 4 Personen)
10 altbackene Brötchen, Salz, 0,5 l gesalzene Milch,
1 kleine Zwiebel, Fett zum Braten,
Petersilie, 2–3 Eier, Muskat

Brötchen in feine Scheiben schneiden und in der gesalzenen, lauwarmen Milch einweichen. Zwiebel fein hakken und dünsten. Aus allen Zutaten einen Teig bereiten. Knödel formen und in siedendem Salzwasser 20 Minuten garziehen lassen.

Wenn der Teig zu weich wird, rettet man die Klöße vorm Auseinanderfallen im Wasser durch Zugabe von Semmelbröseln oder Mehl. Deftiger werden die Knödel, wenn man mit der Zwiebel Bauchspeck dünstet und unter den Teig gibt. Natürlich kann man statt Semmeln auch Graubrot verwenden. Das folgende Rezept stammt ebenfalls aus Niederbayern.

Brotknödel

(für 4 Personen)
500 g einige Tage altes Roggenmischbrot,
250 ml Milch, 2 Eier, Salz, etwas Mehl

Brot in Würfel schneiden und mit heißer Milch übergießen. Zugedeckt ziehenlassen. Die Masse mit Eiern, Salz und Mehl gut vermengen. Bei Bedarf noch etwas Mehl zugeben. Knödel formen, 15 Minuten in kochendem Salzwasser garen.

Eine besonders delikate und raffinierte Abwandlung des Semmelknödels stellt das folgende Auflaufrezept aus dem Schwabenländle dar.

Weckknöpfleauflauf

(für 4 Personen)
Für den Auflauf:
3 Brötchen, ½ Zwiebel, 20 g Speck,
je 1 EL Schnittlauch und Petersilie gehackt,
30 g Butter, 1 Eigelb, 125 ml süße Sahne, Salz,
Muskat, 2 Eiweiß
Für die Beilage:
500 g frische Steinpilze, 1 kleine Zwiebel,
30 g Butter, Salz, Pfeffer, 125 ml süße Sahne,
1 Bund Petersilie, Kerbel zum Garnieren

Die Brötchen in kleine Würfel schneiden. Speck und Zwiebeln kleinschneiden und zusammen mit den Kräutern in der Butter anschwitzen. Brötchen, Eigelb und Sahne zugeben. Mit Salz und Muskat abschmekken. Eiweiß steifschlagen und unterheben. Masse in gefettete kleine Förmchen füllen. In einen Bräter mit heißem Wasser stellen und im Backofen bei 180 Grad garziehen lassen. Für die Beilage die Pilze putzen und in gleichgroße Stücke schneiden. Zwiebelwürfel in Butter anschmoren, Pilze zugeben und kurz dünsten. Sal-

zen und pfeffern, Sahne angießen, Petersilie darüber geben. Die Auflaufförmchen auf Teller stürzen und mit den Pilzen anrichten. Mit Kerbel garnieren.

Frische Pilze sollten nach Möglichkeit nicht gewaschen, sondern vorsichtig geputzt werden. Dann schneidet man sie möglichst klein, je fester sie sind, desto feiner, damit sie ihr Aroma besonders gut entfalten können und besser verdaulich sind. Den Stiel entgegen der Fasern in dünne Scheiben schneiden. Ein besonderer Trick, um ein Pilzgericht noch schmackhafter zu machen: Vor dem Servieren eine kleine Menge roher und sehr fein gehackter Pilze dazugeben. Dies gilt natürlich nicht für Pilzarten, die in rohem Zustand giftig oder ungenießbar sind! Steinpilze wachsen bei uns zwischen Juni und Oktober in dichtem Laub- und

Nadelwald. Da sie zu den begehrtesten (und teuersten) Pilzen gehören, muß man sehr früh aufstehen, um sie den routinierten Sammlern wegzuschnappen.

Selbstverständlich eignet sich auch Laugengebäck vorzüglich zur Verwendung für Semmelknödel, die dann natürlich entsprechend anders heißen. Hier wurde dem grammatikalischen Einwand Karl Valentins Genüge getan, denn andernfalls hieße dieses bayerische Gericht »Brezeknödel«:

Brez'nknödl

(für 4 Personen)
150 g frische Laugenbrezen, 100 ml Milch,
3 Eier, 1 Bund Petersilie, 1 kleine Zwiebel, 50 g Butter,
Pfeffer, Salz, Muskat

Die Brezeln vom Salz befreien, in dünne Scheiben schneiden und in eine Schüssel geben. Heiße Milch darübergießen, 3 Eier darüberschlagen. Zwiebel fein hakken und in etwas Butter andünsten. Petersilie hacken und mit den Zwiebelwürfeln zu der Knödelmasse geben. Mit einem Kochlöffel vorsichtig durchmengen und mit den Gewürzen abschmecken. In einem großen Topf Salzwasser zum Kochen bringen. Ein großes Stück dikker, reißfester Alufolie mit Butter bestreichen. Die Knödelmasse zu einer Rolle von 3 Zentimetern Durchmesser formen und fest in die Folie einwickeln. Die Enden gut zusammendrehen, damit kein Wasser eintreten kann. Ins siedende Salzwasser legen und ca. 30 Minuten garziehen lassen. Die Rolle herausnehmen und kurz abkühlen lassen, dann die Folie vorsichtig entfernen.

Von der Rolle etwa fingerdicke Scheiben schneiden und in heißer Butter goldgelb braten.

Um zu vermeiden, daß die Knödel zu lange oder zu kurz gegart werden, sollte man erst einen Probeknödel formen, als »Versuchsballon« benutzen und dabei auf die Uhr schauen. Falls er nicht recht gelungen ist, verändert man entweder die Garzeit, macht den Teig durch Zugabe von Mehl fester, oder, wenn nötig, mit etwas Wasser oder Milch flüssiger.

Einen besonders großen Semmel- oder Weckknödel bindet man zum Garen in eine große, gefettete Serviette oder ein Küchenhandtuch ein und hängt ihn zum Garen ins heiße Wasser. Das Ergebnis wird Serviettenkloß genannt. In Scheiben geschnitten serviert man ihn mit einem Pilzgericht oder Fleisch. Zu Wild und saucenreichen Gerichten paßt er besonders gut.

Serviettenkloß

(für 4 Personen)
4 altbackene Brötchen, 250 ml Milch, 4 Eier getrennt, 200 g Mehl, Butter, Salz, Pfeffer, Muskat

Die Brötchen kleinschneiden. Die Hälfte in Butter rösten und abkühlen lassen. Die andere Hälfte der Brötchen in warmer, gesalzener Milch einweichen. Die gerösteten Brötchen zu den eingeweichten geben, dazu Eigelb, Mehl und Gewürze. Gut durchmengen. Das Eiweiß steifschlagen und vorsichtig unterheben. Eine große Serviette oder ein Küchenhandtuch in der Mitte mit Butter bestreichen, die Masse darauf setzen und das Tuch kreuzweise zusammen binden. In reichlich sprudelndem Salzwasser 40 bis 45 Minuten köcheln lassen, dann mit brauner Butter übergießen und servieren. Schmeckt hervorragend zu Gulasch oder Wild.

Der Knödelteig läßt sich auf verschiedene Arten anreichern und damit verfeinern. In Bayern besonders beliebt sind Schwammerl, wie man die Pilze wegen ihrer hydrophilen Eigenschaft dort nennt. Pilze sind sehr nahrhaft und, je nach Sorte, ausgesprochen schmackhaft, allerdings auch eine der am schwersten verdaulichen Speisen.

In den ausgedehnten Wäldern Bayerns kommen Pilze in großer Zahl vor und sind deshalb in bayerischen Gerichten häufig vertreten. Wenn dann noch gute bayerische Butter und Sahne hinzukommen, trifft für ein Pilzgericht zu, was das »Appetitlexikon« den kulinarischen Saisonschätzen der Wälder bescheinigt: »Mit diesen kleinen Zutaten geben die mißfarbenen Gesellen wahrhaft hinreißende Schüsseln, deren Zauber die Riechnerven in süßen Taumel und die Zungennerven in sprachloses Entzücken versetzt.«

Knödel eignen sich wegen ihrer geschmacklichen Neutralität und ihrer Fähigkeit, viel Soße aufzunehmen, als Ergänzung zu Pilzgerichten besonders gut, man kann die Pilze aber auch gleich in den Knödel hinein verarbeiten.

Sind keine Pilze zur Hand kann man den Teig mit Speck, Innereien oder anderem Fleisch anreichern oder füllen. Das bietet sich besonders an, wenn Knödel das Hauptgericht bilden oder in einer einfachen Suppe gereicht werden sollen. Mit ausgelassenen Wammerlstückchen, also Würfeln vom geräucherten Bauchfleisch, werden die Knödel besonders herzhaft.

Innviertler Speckknödel

(für 4 Personen)
500 g gekochte Kartoffeln,
125 g Mehl, 2 EL Grieß,
150 g geräuchertes Wammerl,
2 Eier, Pfeffer, Salz, gehackte Petersilie

Das fein geschnittene Wammerl mit Petersilie und Pfeffer mischen und walnußgroße Kugeln formen. Die am Vortag gekochten Kartoffeln reiben und mit Mehl, Grieß, Butter, Eiern und Salz zu einem Teig verarbeiten. Eine Rolle formen und dünne Scheiben abschneiden. Diese in der flachen Hand etwas auseinanderdrücken, mit der Speckkugel belegen und zu Knödeln formen. Im Salzwasser ca. 15 bis 20 Minuten kochen.

Wer sich im Internet auf die Suche nach Knödeln begibt, landet früher oder später unweigerlich beim Internationalen Knödel-Manifest, einer, zugegebenermaßen, österreichischen Website. Wohl eher scherzhaft gemeint, kümmert sich da eine Knödelstiftung um die Verbreitung des Knödels zum Wohle der Menschheit. Das folgende Rezept ist ein gelungener Weltverbesserungsbeitrag der Bewohner der fruchtbaren Ebene zwischen Neckar und Tauber.

Hohenloher Bauernknödel

(für 4 Personen)
1 Brötchen, 3 Bund Petersilie,
1 Paar geräucherte Bratwürste, 375 g Mehl, 3 Eier,
Salz, Pfeffer, Muskat

Petersilie putzen und waschen. Brötchen kleinschneiden, ebenso die Bratwürste. Mit den restlichen Zutaten zu einem festen Knödelteig vermengen. Knödel abstechen und in siedendem Salzwasser etwa 20 Minuten garziehen lassen.

Die erwähnte Knödel-Website weist auch bahnbrechendes Bildmaterial von knödelnden Berühmtheiten auf, darunter Newton, dem ein Knödel auf den Kopf fällt, oder Boris Becker, der mit einem Knödel Tennis spielt. Alles in allem sind Knödel also vielseitig verwendbar, wenn man sie nicht lieber verzehrt, zum Beispiel in dieser überaus klassischen Form:

Leberknödel

(für 4 Personen)
500 g Rinderleber, 5 altbackene Brötchen,
250 ml Milch, 1 Bund Petersilie, 2 Zwiebeln,
1 Stange Lauch, 1 TL Majoran,
2 EL Weckmehl, Salz, Pfeffer

Die Brötchen in dünne Scheiben schneiden und mit kochender Milch übergießen. Zugedeckt beiseite stellen. Die Leber in große Würfel schneiden und eine halbe Stunde anfrieren lassen. Dann durch die feine Scheibe des Fleischwolfs drehen. Aus den Zutaten eine Masse herstellen, die nicht zu fest ist. In einem großen Topf Salzwasser zum Kochen bringen. Die Leberknödel mit dem Schaumlöffel vorsichtig ins Wasser legen und sieben bis zehn Minuten gar ziehen lassen. Behutsam herausnehmen.

Wenn von den gekochten Leberknödel wider Erwarten doch welche übrigbleiben, lassen sie sich am nächsten Tag genauso wie andere Knödel als schmackhaftes Resteessen zubereiten: In dicke Scheiben schneiden und anbraten, dann mit verquirltem Ei übergießen, stockenlassen und mit grünem Salat servieren.

Das vielleicht beliebteste Gericht mit Leberknödeln ist die Leberknödelsuppe, die auf keiner Speisekarte in Bayern fehlt. In München konnte man sie vor hundert Jahren beispielsweise in der Gaststätte »Die 11 Scharfrichter« in der Schwabinger Türkenstraße essen, einem berühmten Münchner Kabarett der Jahrhundertwende, mit dem Dramatiker Frank Wedekind als seinem wohl bekanntesten Mitglied. Der Arzt und Schriftsteller Hans Carossa berichtete, wie es dort zuging:

»Lange vor acht Uhr kehrte ich in die Türkenstraße zurück und betrat das Lokal, in welchem die Scharfrichter nach dem Pariser Vorbilde der Montmartre-Cabarets ihre kleine Bühne aufgeschlagen hatten. Es war ursprünglich ein Stall, später ein Fechtboden und schließlich eine Studentenkneipe gewesen; ungefähr hundert Gäste hatten Platz darin. Die Wände waren bis zu halber Höhe mit grauem Stoff bespannt; hier hingen zwischen Skizzen junger Maler die von Wilhelm

Hüsgen angefertigten Gipsmasken der Elf. In einer Ecke stand das grausige Wahrzeichen ihres Bundes, der schwarze Schandpfahl, der einen mit Perücke und Zopf bedeckten Schädel trug, und in diesem steckte das Henkerbeil. Alle Tische waren besetzt, nur an dem einen, der dicht vor der Bühne stand, fand ich noch einen freien Stuhl. Mir gegenüber saßen zwei gutgekleidete Paare, denen eben eine junge Kellnerin Salzbrezen und eine Leberknödelsuppe auftrug, ein echtes Münchener Gericht, das ich mir gleichfalls bestellte, obwohl es der dämonischen Umwelt, die mich als Gast erwartete, wenig entsprach.«

Leberknödelsuppe

(für 4 Personen)

1,5 kg Rindfleisch mit Knochen, 2 Stangen Lauch,
3 Karotten, 100 g Knollensellerie,
2 Zwiebeln, 1 Bund Petersilie,
2 Lorbeerblätter, Salz, Pfeffer,
8 Leberknödel (Rezept siehe oben)

Das Fleisch gut abwaschen und in 3 Liter kaltes Wasser legen. Lauch, Karotten, Sellerie und Zwiebeln grob schneiden, Petersilie und Lorbeerblättern dazu geben und langsam aufkochen lassen. Den Schaum abschöpfen und bei kleiner Hitze 2 Stunden weiterköcheln lassen. Die Brühe durch ein Sieb geben. Das Fleisch herausnehmen. Brühe eventuell einkochen, mit Salz und Pfeffer abschmecken. Die Leberknödel in der Brühe garziehen lassen. Mit Brezeln servieren.

Schon seit dem Jahr 1500 läßt sich eine bayerische Quarkteigspezialität nachweisen, die ursprünglich aus Roggenmehl, heute aber meist zur Hälfte aus Weizenmehl hergestellt wird. In den Voralpen und im Chiemgau verzehrt man die Schuxen oder Schuchsen traditionell am Dreikönigstag (6. Januar), in Niederbayern von Sankt Georgi (24. April) bis zur Kirchweih im Oktober. Oft werden sie noch heiß in Zucker gewendet und zum Kaffee gereicht. Aber Schuchsen schmecken ungesüßt auch zu Suppen, Pilzgerichten oder Gemüse.

Schuchsen

(für 4 Personen)
250 g Weizenmehl, 250 g Roggenmehl,
1 EL Sauerteig, Salz, etwas Milch, 250 g Quark,
Fett zum Ausbacken

Mit dem Sauerteig und etwas Mehl einen Vorteig ansetzen. Mehl in eine vorgewärmte Schüssel sieben, mit dem Vorteig und den anderen Zutaten zu einem festen Teig vermengen. Der Teig muß Blasen werfen. An einem warmen Ort zugedeckt gehenlassen. Anschließend den Teig auf einem bemehlten Backbrett dünn ausrollen und Ovale ausstechen. Nochmals gehenlassen. In schwimmendem Fett ausbacken, bis sie goldbraun sind.

Sauerteig kann man entweder kaufen (beim Bäcker, im Reformhaus oder im Bio-Laden) oder auch selbst herstellen, allerdings muß man ihn einige Zeit vor dem Backen ansetzen: Dafür rührt man zwei gehäufte Eßlöffel Roggenmehl und einen gehäuften Teelöffel Kümmel mit lauwarmem Wasser an, bis ein dicker Brei entstanden ist. Dieser muß vier bis sechs Tage an einem zugedeckten Ort ruhen. In dieser Zeit bilden sich Blasen, und ein säuerlicher Geruch verbreitet sich. Zwei Tage vor dem Backen gibt man noch einmal zwei Eßlöffel Roggenmehl hinzu und rührt die Masse mit lauwarmem Wasser weiter an, bis wieder ein dicker Brei entsteht. Am nächsten Tag muß diese Anreicherung noch einmal geschehen, und wenn der Teig danach weitere zehn bis zwölf Stunden geruht hat, kann man ihn zum Backen verwenden. Zu beachten ist, daß dem Sauerteig vor der Säuerung kein Salz beigegeben werden darf, da sonst der Säuerungsprozeß verlangsamt würde.

Nockerl »ist die oberdeutsche Bezeichnung für Kloß, namentlich für den mit Milch angemachten oder wenigstens in Milch gekochten Mehl- oder Grießkloß«, heißt es im »Appetitlexikon«. Heute werden vielerlei längliche Klöße so genannt, in der Regel dann, wenn sie mit dem Löffel abgestochen werden. Grießnockerl werden im allgemeinen in einer herzhaften Brühe gereicht. Derart aufgetischt »werden sie stets mit verdienter Hochachtung begrüßt« und sind ein gelungener Auftakt für ein üppiges Sonntagsmenü mit einem feinen Braten als Hauptgericht.

Grießnockerl

(für 4 Personen)
50 g Butter, 1 Ei, 60 g Grieß,
Salz, Muskat

Weiche Butter schaumig rühren. Ei und Grieß unterrühren. Mit Salz und Muskat würzen und 10 Minuten quellen lassen. Salzwasser aufsetzen. Mit dem Teelöffel Nockerln vom Teig abstechen und ins siedende Wasser gleiten lassen. 1 bis 2 Minuten kochen lassen, dann die Nockerln auf kleiner Flamme noch 10 Minuten garziehen lassen.

Manche Reisende aus nördlichen Gefilden, die nach Süddeutschland kamen, hatten so ihre Probleme mit der Vielzahl von Mehlspeisen, die in den Gasthöfen angeboten wurden. So schrieb der damals einflußreiche Schriftsteller und Aufklärer Friedrich Nicolai aus Berlin 1781 über eine Reise nach München: »Die Mehlspeisen, Knödel, Wespennester, Dampfnudeln und dergleichen sind äußerst gemein, und werden von den Bayern für besondere Leckerbissen gehalten. Einige feine Arten sind dies auch wirklich; aber die gemeinen bayerischen Knödel und Mehlspeisen sind nicht für einen niedersächsischen Gaumen.«

Derart nörgelnd kann natürlich nur ein Preuße sein. Ein Zeitgenosse Nicolais, der engagierte Publizisten Ludwig Börne, war in dieser Hinsicht ganz anderer Meinung: »Mehlspeisen sind die Adagios der Tisch-Symphonien«, schrieb er enthusiastisch, »getragen und zurückhaltend, ein Genuß als Beilage, Zwischengericht oder Hauptgericht.« Ein schöneres Kompliment, als die Erzeugnisse der Küche mit Kunstwerken der Musik zu vergleichen, kann es für diese typischen süddeutschen Spezialitäten wohl kaum geben.

OhA! – Das Programm der kleinen Bücher im Europa Verlag

Von Ronald Gutberlet liegen in dieser Reihe ebenfalls vor:

BEUSCHERL, HAX'N UND SCHWEINSBRATEN
Fleischgerichte aus Süddeutschland
WALLER, FELCHEN, MEEFISCHLI
Fischgerichte aus Süddeutschland
BREZEL, ZIPFEL, LEBERKÄS
Brotzeit und Vesperspeisen aus Süddeutschland
SCHWAMMERL, SPARGEL, GRÜNKERN, KRAUT
Gemüse- und Eintopfgerichte aus Süddeutschland
STRUDEL, SCHMARRN UND OFENSCHLUPFER
Süßspeisen und Desserts aus Süddeutschland

Von Ronald Gutberlet liegen in der Reihe »Norddeutschland kulinarisch« vor:

PLUMEN UN KLÜTEN
KRAUT UND RÜBEN
DEICHLAMM, PINKEL, OCHSENBRATEN
SCHOLLE, AAL UND STIPPE
AUSTERN, KRABBEN, KREBS UND HUMMER
TEE, GROG, PUNSCH UND KÖM

Die Deutsche Bibliothek – CIP-Einheitsaufnahme
Ein Titelsatz für diese Publikation ist bei
Der Deutschen Bibliothek erhältlich.

Lektorat: Andreas C. Knigge
Umschlaggestaltung: Groothuis & Consorten, Hamburg, unter Verwendung einer Illustration von Isabel Kreitz
Innengestaltung: H & G Herstellung, Hamburg
Illustrationen: Isabel Kreitz, Hamburg
Druck und Bindung: Clausen & Bosse, Leck
ISBN 3-203-85043-5

Informationen über unser Programm erhalten Sie beim Europa Verlag, Neuer Wall 10, 20354 Hamburg, oder unter www.europaverlag.de